l'école - okul   2
le voyage - seyahat   5
le transport - ulaşım   8
la ville - şehir   10
le paysage - arazi   14
le restaurant - restoran   17
le supermarché - süpermarket   20
les boissons - içecekler   22
l'alimentation - yemek   23
la ferme - çiftlik   27
la maison - ev   31
le salon - oturma odası   33
la cuisine - mutfak   35
la salle de bain - banyo   38
la chambre d'enfant - çocuk odası   42
les vêtements - kıyafet   44
le bureau - ofis   49
l'economie - ekonomi   51
les professions - meslekler   53
les outils - aletler   56
les instruments de musique - müzik enstrümanı   57
le zoo - hayvanat bahçesi   59
les sports - sporlar   62
les activités - etkinlikler   63
la famille - aile   67
le corps - vücut   68
l'hôpital - hastane   72
l'urgence - acil   76
la terre - dünya   77
.. heure(s) - saat   79
la semaine - hafta   80
l'année - yıl   81
les formes - şekiller   83
les couleurs - renkler   84
les oppositions - zıt anlamlılar   85
les nombres - sayılar   88
les langues - diller   90
qui / quoi / comment - kim / ne / nasıl   91
où - nerede   92

Impressum
Verlag: BABADADA GmbH, Nedderfeld 112 , 22529 Hamburg
Geschäftsführer / Verlagsleitung: Harald Hof
Druck: Books on Demand GmbH, In de Tarpen 42, 22848 Norderstedt

Imprint
Publisher: BABADADA GmbH, Nedderfeld 112 , 22529 Hamburg, Germany
Managing Director / Publishing direction: Harald Hof
Print: Books on Demand GmbH, In de Tarpen 42, 22848 Norderstedt

l'école

okul

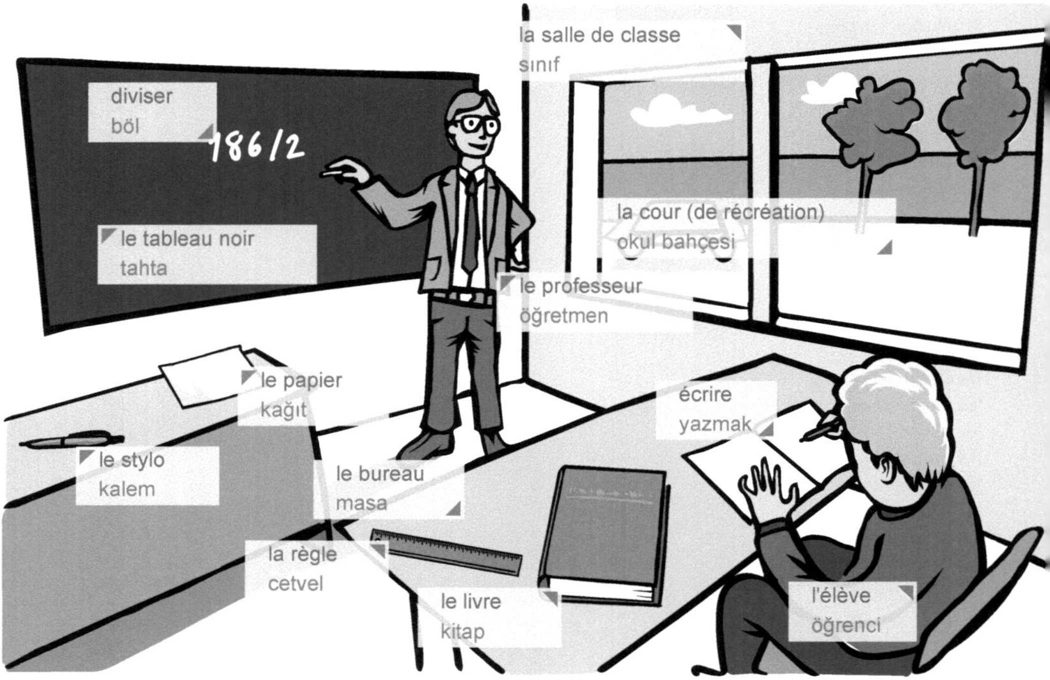
la salle de classe
sınıf
diviser
böl
186/2
le tableau noir
tahta
la cour (de récréation)
okul bahçesi
le professeur
öğretmen
le papier
kağıt
écrire
yazmak
le stylo
kalem
le bureau
masa
la règle
cetvel
le livre
kitap
l'élève
öğrenci

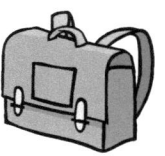

le cartable

okul çantası

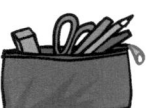

la trousse

kalemlik

le crayon

kurşun kalem

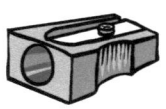

le taille-crayon

kalem açacağı

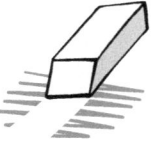

la gomme

silgi

le carnet à dessin

çizim defteri

le dessin

çizim

le pinceau

resim fırçası

la boîte de peinture

boya kutusu

les ciseaux

makas

la colle

tutkal

le cahier d'exercices

alıştırma kitabı

les devoirs

ödev

le chiffre

sayı

additionner

ekle

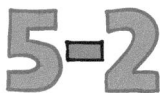

soustraire

çıkar

multiplier

çarp

calculer

hesapla

la lettre

harf

l'alphabet

alfabe

le mot

kelime

le texte

metin

lire

okumak

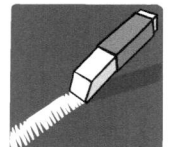

la craie

tebeşir

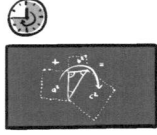

la leçon

ders

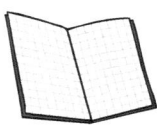

le livre de classe

kayıt

l'examen

sınav

le certificat

sertifika

l'uniforme scolaire

okul forması

la formation

eğitim

le lexique

ansiklopedi

l'université

üniversite

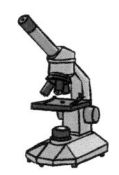

le microscope

mikroskop

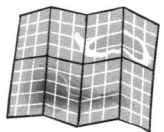

la carte

harita

la corbeille à papier

kağıt çöp kutusu

le voyage
seyahat

l'hôtel
otel
Grand
l'auberge
pansiyon
ROOMS
le bureau de change
döviz bürosu
CHANGE
la valise
bavul
la voiture
otomobil

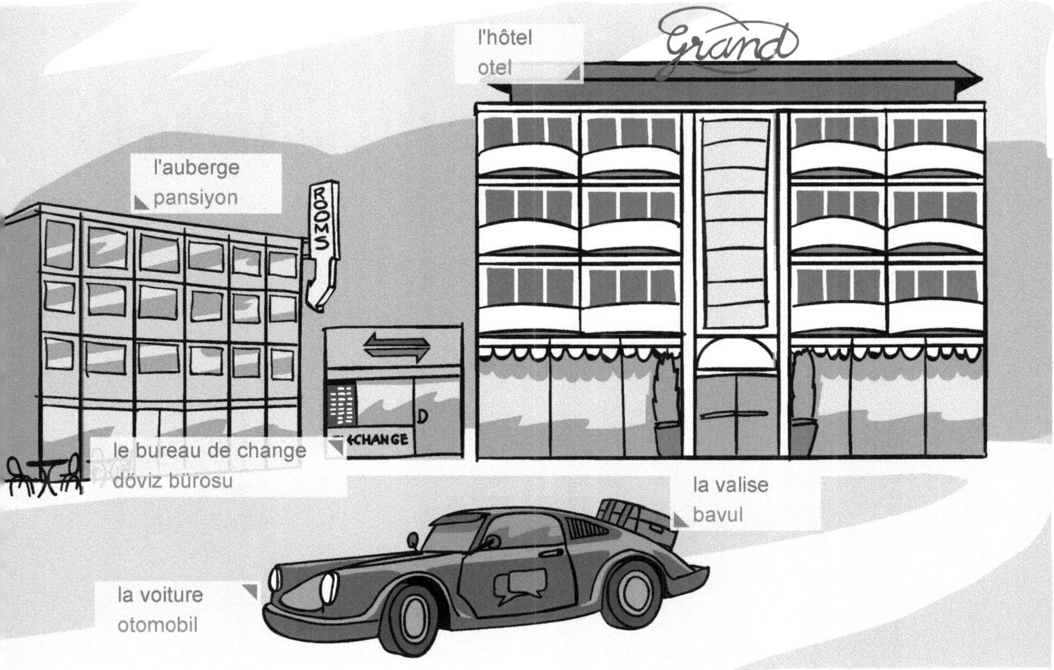

la langue

dil

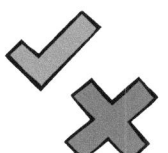

oui / non

evet / hayır

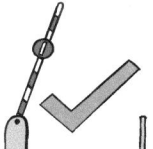

d'accord

Tamam

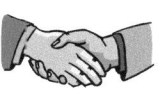

Salut

merhaba

l'interprète

çevirmen

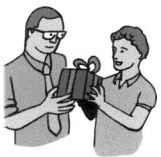

merci

Teşekkür ederim

Combien coûte...?

bu ... ne kadar?

Je ne comprends pas

anlamadım

le problème

problem

Bonsoir !

İyi akşamlar!

Bonjour !

Günaydın!

Bonne nuit !

İyi geceler!

Au revoir

güle güle

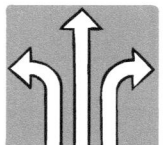

la direction

yön

les bagages

bagaj

le sac

çanta

le sac-à-dos

sırt çantası

l'hôte

misafir

la pièce

oda

le sac de couchage

uyku tulumu

la tente

çadır

le voyage - seyahat

l'office de tourisme

turist danışma

la plage

sahil

la carte de crédit

kredi kartı

le petit-déjeuner

kahvaltı

le déjeuner

öğle yemeği

le dîner

akşam yemeği

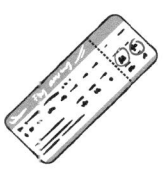

le billet

Bilet

l'ascenseur

asansör

le timbre

pul

la frontière

sınır

la douane

gümrük

l'ambassade

elçilik

le visa

vize

le passeport

pasaport

le transport

ulaşım

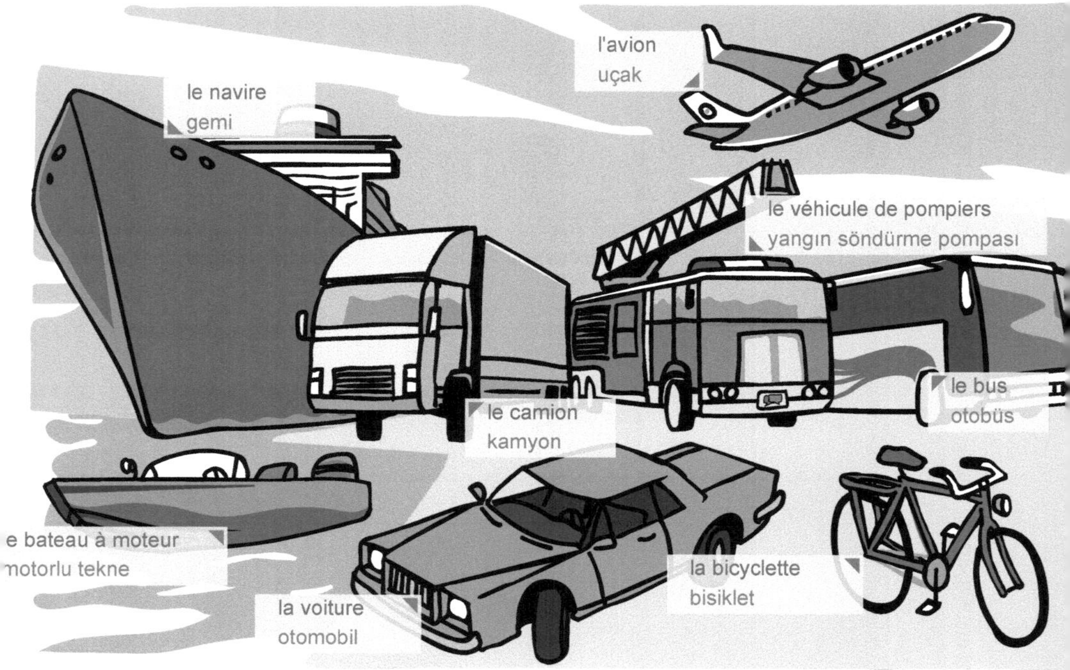

l'avion
uçak
le navire
gemi
le véhicule de pompiers
yangın söndürme pompası
le bus
otobüs
le camion
kamyon
e bateau à moteur
otorlu tekne
la bicyclette
bisiklet
la voiture
otomobil

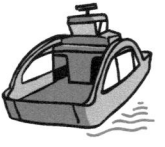

le ferry
feribot

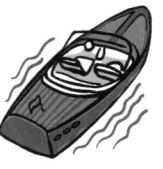

la barque
bot

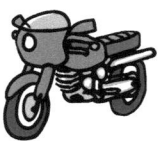

la moto
motosiklet

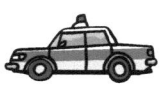

la voiture de police
polis arabası

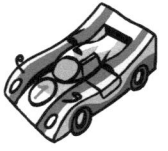

la voiture de course
yarış arabası

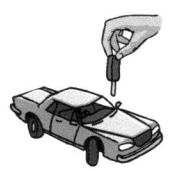

la voiture de location
kiralık araba

l'auto-partage

o tak araba

la voiture de remorquage

çekici

la benne à ordures

çöp kamyonu

le moteur

motor

l'essence

yakıt

la station d'essence

benzinlik

le panneau indicateur

trafik işareti

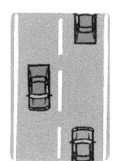

le trafic

trafik

l'embouteillage

trafik sıkışıklığı

le parking

otopark

la gare

tren istasyonu

les rails

ray

le train

tren

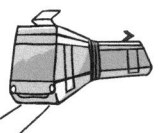

le tramway

tramvay

le wagon

vagon

le transport - ulaşım

l'hélicoptère
helikopter

l'aéroport
havaalanı

la tour
kule

le passager
yolcu

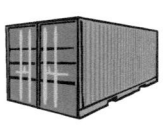

le conteneur
konteyner

le carton
koli

le chariot
yük arabası

la corbeille
sepet

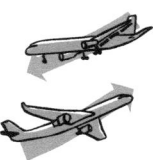

décoller / atterrir
kalkış / iniş

la ville
şehir

le village
köy

le centre-ville
şehir merkezi

la maison
ev

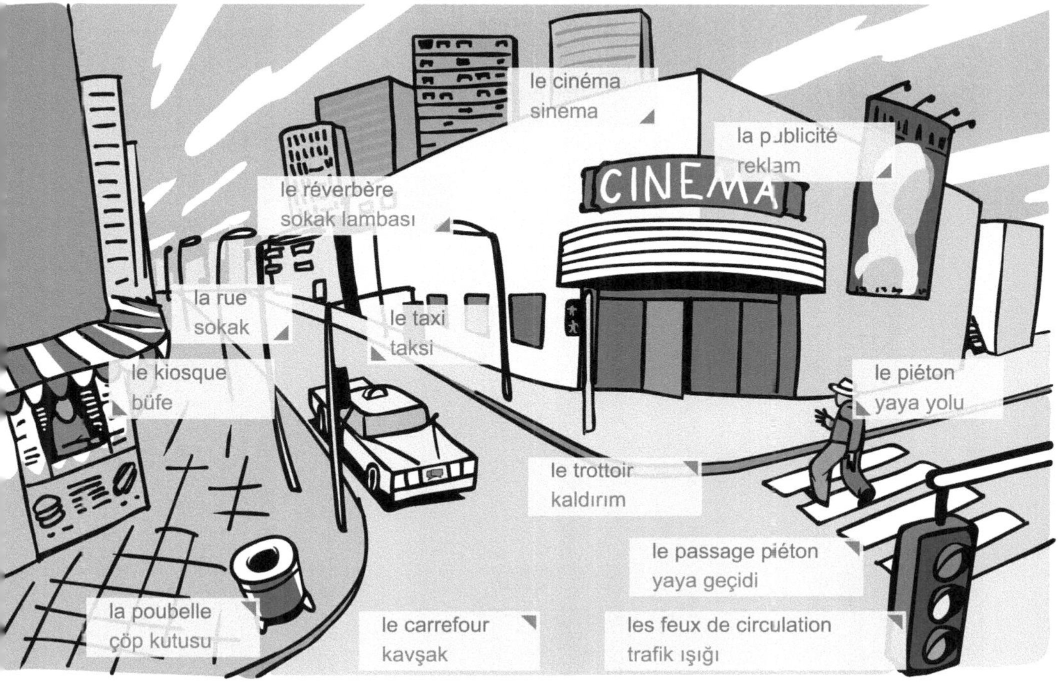

le cinéma
sinema

la publicité
reklam

le réverbère
sokak lambası

le taxi
taksi

la rue
sokak

le kiosque
büfe

le piéton
yaya yolu

le trottoir
kaldırım

le passage piéton
yaya geçidi

la poubelle
çöp kutusu

le carrefour
kavşak

les feux de circulation
trafik ışığı

la cabane

kulübe

l'appartement

apartman dairesi

la gare

tren istasyonu

la mairie

belediye binası

le musée

müze

l'école

okul

l'université

üniversite

la banque

banka

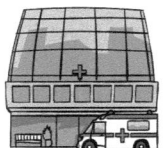

l'hôpital

hastane

l'hôtel

otel

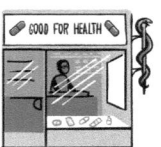

la pharmacie

eczane

le bureau

ofis

la librairie

kitapçı

le magasin

mağaza

le fleuriste

çiçekçi

le supermarché

süpermarket

le marché

market

le grand magasin

büyük mağaza

la poissonnerie

balık satıcısı

le centre commercial

alışveriş merkezi

le port

liman

le parc

park

la banque

bank

le pont

köprü

les escaliers

merdiven

le métro

metro

le tunnel

tünel

l'arrêt de bus

otobüs durağı

le bar

bar

le restaurant

restoran

la boîte à lettres

posta kutusu

le panneau indicateur

sokak tabelası

le parcmètre

otopark sayacı

le zoo

hayvanat bahçesi

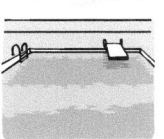

le réverbère

yüzme havuzu

la mosquée

cami

la ferme
çiftlik

la pollution
kirlilik

la cimetière
mezarlık

l'église
kilise

l'aire de jeux
oyun alanı

le temple
tapınak

le paysage
arazi

la feuille
yaprak

le panneau indicateur
yön tabelası

le chemin
yol

le pré
çayır

la pierre
taş

l'arbre
ağaç

le randonneur
yürüyüşçü

la rivière
ırmak

l'herbe
çimen

la fleur
çiçek

la vallée
vadi

la montagne
tepe

le lac
göl

la forêt
orman

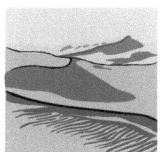

le désert
çöl

le volcan
volkan

le château
kale

l'arc-en-ciel
gökkuşağı

le champignon
mantar

le palmier
palmiye

le moustique
sivrisinek

la mouche
sinek

les fourmis
karınca

l'abeille
arı

l'araignée
örümcek

le paysage - arazi

le coléoptère

böcek

la grenouille

kurbağa

l'écureuil

sincap

le hérisson

kirpi

le lièvre

yabani tavşan

la chouette

baykuş

l'oiseau

kuş

le cygne

kuğu

le sanglier

yaban domuzu

le cerf

geyik

l'élan

geyik

le barrage

baraj

l'éolienne

rüzgar türbini

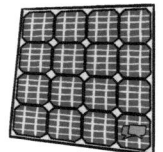

le panneau solaire

güneş paneli

le climat

iklim

le restaurant
restoran

le serveur
garson
le menu
menü
la chaise
sandalye
la soupe
çorba
la pizza
pizza
les couverts
çatal - bıçak
la nappe
masa örtüsü

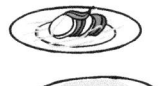

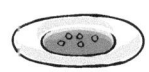

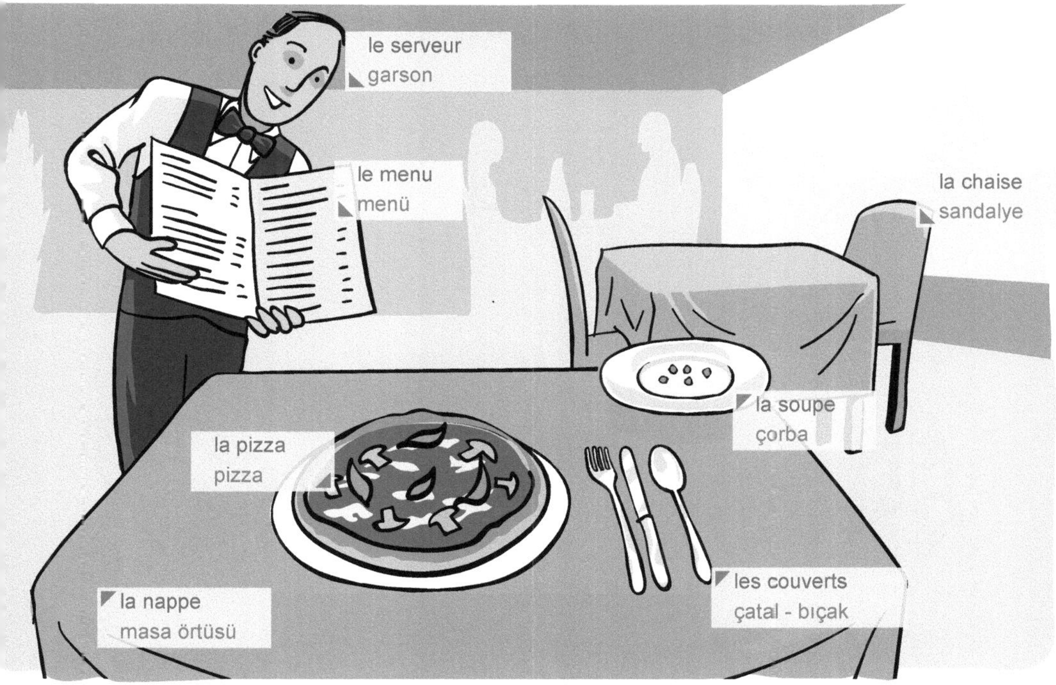

les hors d'œuvre

başlangıç

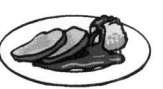

le plat principal

ana yemek

le dessert

tatlı

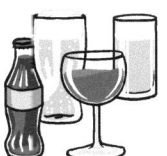

les boissons

içecekler

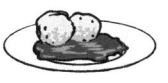

l'alimentation

yemek

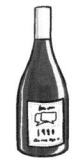

la bouteille

şişe

le fast-food

fastfood

les plats à emporter

sokak yemeği

la théière

çaydanlık

le sucrier

şekerlik

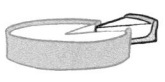

la portion

porsiyon

la machine à expresso

espresso makinesi

la chaise haute

mama sandalyesi

la facture

fatura

le plateau

tepsi

le couteau

bıçak

la fourchette

çatal

la cuillère

kaşık

la cuillère à thé

çay kaşığı

la serviette

servis peçetesi

le verre

bardak

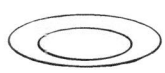

'assiette

tabak

l'assiette à soupe

çorba kasesi

la soucoupe

fincan altlığı

la sauce

sos

la salière

tuzluk

le moulin à poivre

karabiber değirmeni

le vinaigre

sirke

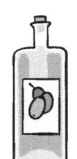

l'huile

yağ

les épices

baharat

le ketchup

ketçap

la moutarde

hardal

la mayonnaise

mayonez

le supermarché
süpermarket

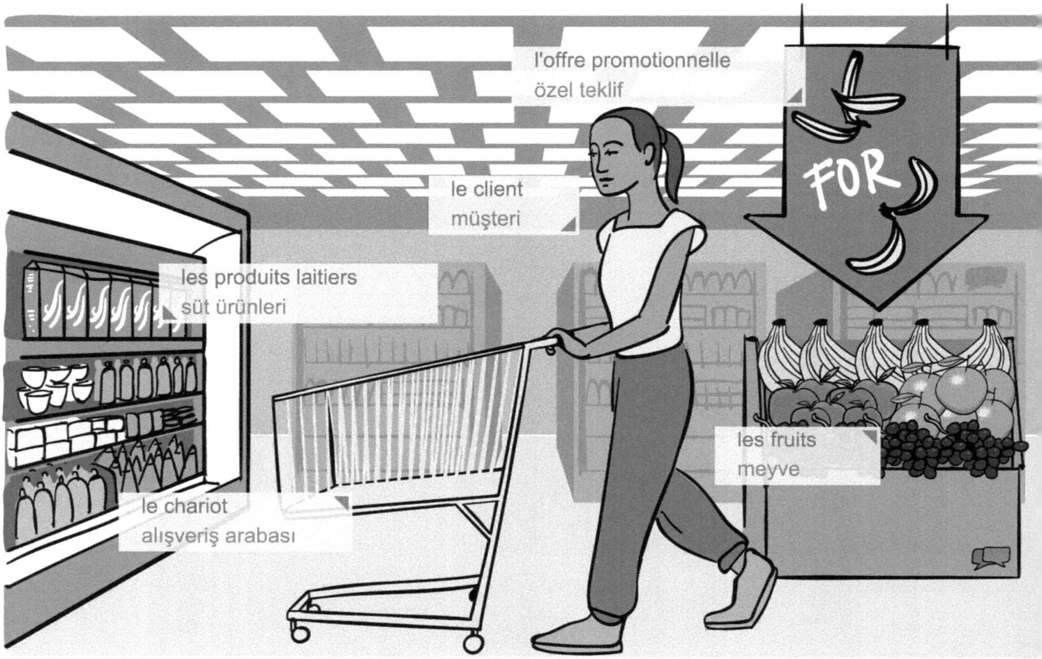

l'offre promotionnelle
özel teklif
le client
müşteri
les produits laitiers
süt ürünleri
FOR
les fruits
meyve
le chariot
alışveriş arabası

BUTCHERS

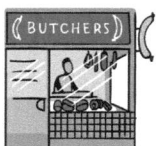

la boucherie

kasap

BAKERY

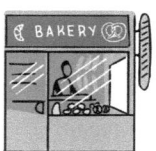

la boulangerie

fırın

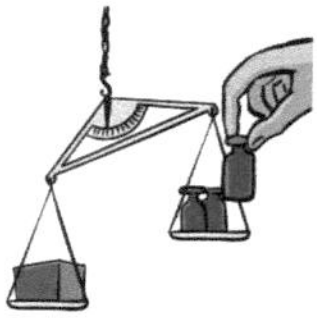

peser

tartmak

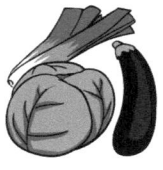

les légumes

sebze

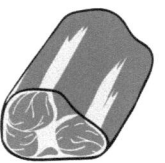

la viande

et

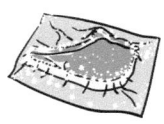

les aliments surgelés

donmuş gıda

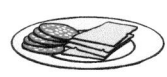

la charcuterie

söğüş et

les conserves

konserve yiyecek

la poudre à lessive

toz deterjan

les bonbons

şekerlemeler

les articles ménagers

ev temizlik ürünleri

les détergents

temizlik ürünleri

la vendeuse

satış görevlisi

la caisse

yazar kasa

le caissier

kasiyer

la liste d'achats

alışveriş listesi

les heures d'ouverture

açılış saatleri

le portefeuille

cüzdan

la carte de crédit

kredi kartı

le sac

çanta

le sac en plastique

plastik poşet

l'eau

su

le jus de fruit

meyve suyu

le lait

süt

le coca

kola

le vin

şarap

la bière

bira

l'alcool

alkol

le chocolat chaud

kakao

le thé

çay

le café

kahve

l'expresso

espresso

le cappuccino

kapuçino

la banane

muz

la pomme

elma

l'orange

portakal

le melon

kavun

le citron.

limon

la carotte

havuç

l'ail

sarımsak

le bambou

bambu

l'oignon

soğan

le champignon

mantar

les noisettes

çerez

les pâtes

makarna

les spaghetti

spagetti

le riz

pirinç

la salade

salata

les pommes frites

cips

les pommes de terre rôties

patates kızartması

le hamburger

hamburger

le sandwich

sandviç

l'escalope

şinitzel

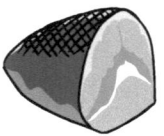

le jambon

pastırma

le salami

salam

la saucisse

sosis

le poulet

tavuk

le rôti

rosto

le poisson

balık

les flocons d'avoine

yulaf ezmesi

le muesli

müsli

les cornflakes

mısır gevreği

la farine

un

le croissant

kruvasan

les petits-pains

küçük ekmek

le pain

ekmek

le pain grillé

tost

les biscuits

bisküvi

le beurre

tereyağı

le fromage blanc

kaymak

le gâteau

kek

l'œuf

yumurta

l'œuf au plat

sahanda yumurta

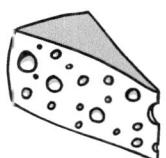

le fromage

peynir

la glace

dondurma

le sucre

şeker

le miel

bal

la confiture

reçel

la crème nougat

fındık ezmesi

le curry

köri

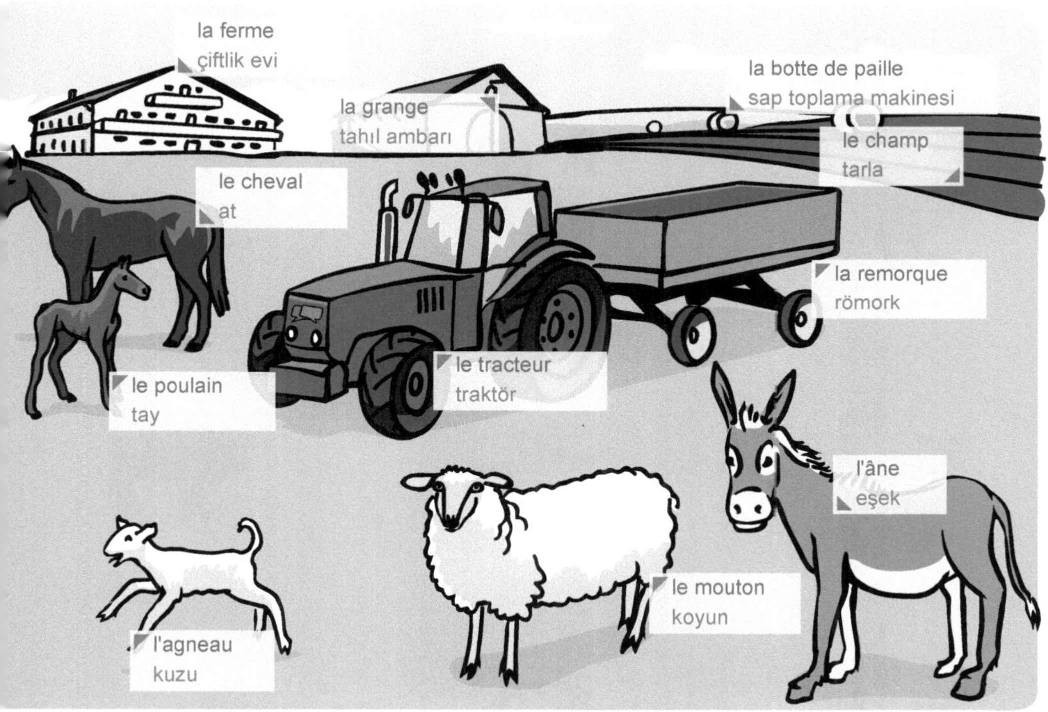

la ferme
çiftlik evi

la grange
tahıl ambarı

la botte de paille
sap toplama makinesi

le champ
tarla

le cheval
at

la remorque
römork

le poulain
tay

le tracteur
traktör

l'âne
eşek

l'agneau
kuzu

le mouton
koyun

la chèvre
keçi

la vache
inek

le veau
buzağı

le porc
domuz

le porcelet
domuz yavrusu

le taureau
boğa

l'oie

kaz

le canard

ördek

le poussin

civciv

la poule

tavuk

le coq

horoz

le rat

sıçan

le chat

kedi

la souris

fare

le bœuf

öküz

le chien

köpek

le chenil

köpek kulübesi

le tuyau de jardin

bahçe hortumu

l'arrosoir

sulama kabı

la faucheuse

tırpan

la charrue

pulluk

la faucille

orak

la pioche

çapa

la fourche

dirgen

la hache

balta

la brouette

el arabası

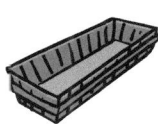

la cuve

yemlik

le pot à lait

süt kovası

le sac

çuval

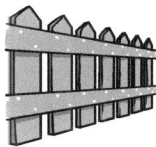

la clôture

çit

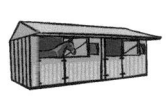

l'étable

ahır

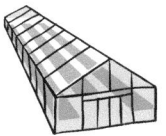

le serre

sera

le sol

toprak

les semences

tohum

l'engrais

gübre

la mcissonneuse-batteuse

biçerdöver

récolter

hasat etmek

la récolte

harman

l'igname

tatlı patates

le blé

buğday

le soja

soya

la pomme de terre

patates

le maïs

mısır

le colza

kolza

l'arbre fruitier

meyve ağacı

le manioc

manyok

les céréales

hububat

la maison

ev

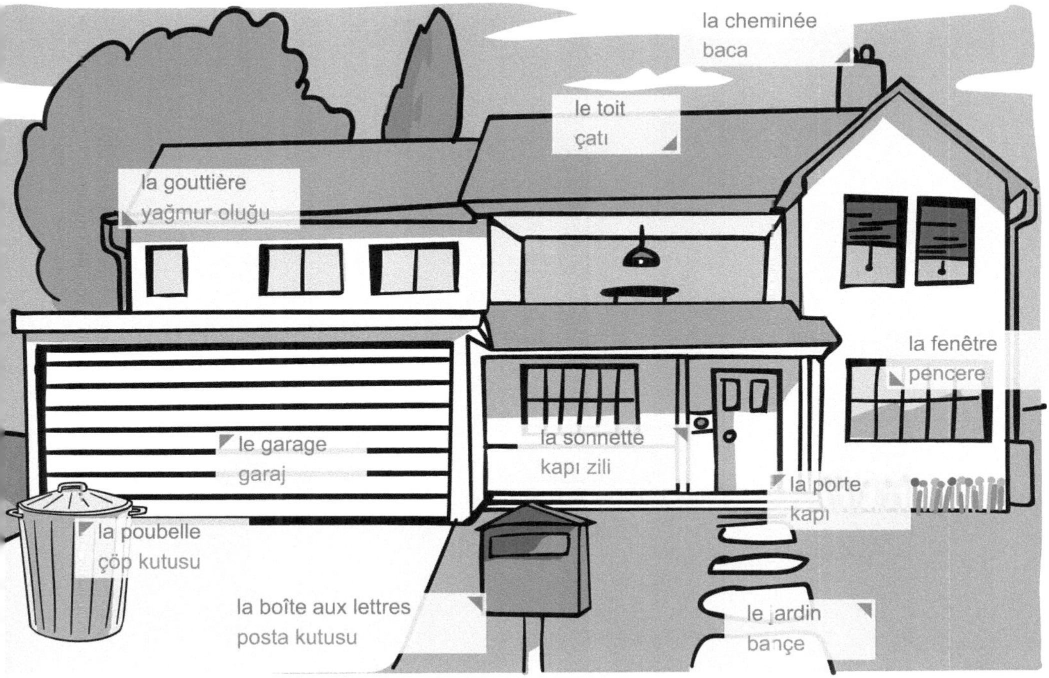

la cheminée
baca
le toit
çatı
la gouttière
yağmur oluğu
la fenêtre
pencere
le garage
garaj
la sonnette
kapı zili
la porte
kapı
la poubelle
çöp kutusu
la boîte aux lettres
posta kutusu
le jardin
bahçe

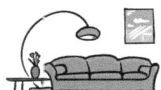

le salon

oturma odası

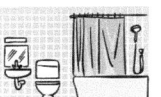

la salle de bain

banyo

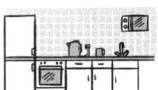

la cuisine

mutfak

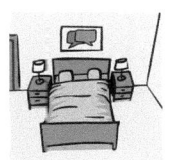

la chambre à coucher

yatak odası

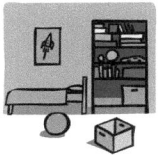

la chambre d'enfant

çocuk odası

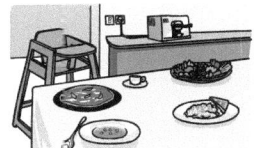

la salle à manger

yemek odası

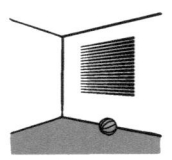

le sol

zemin

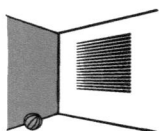

le mur

duvar

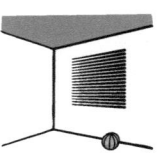

le plafond

tavan

la cave

kiler

le sauna

sauna

le balcon

balkon

la terrasse

teras

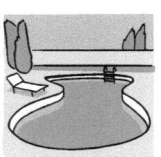

la piscine

havuz

la tondeuse à gazon

çim biçme makinesi

la housse

çarşaf

la couette

yatak örtüsü

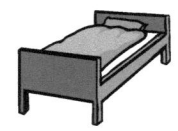

le lit

yatak

le balai

süpürge

le sceau

kova

l'interrupteur

anahtar

le salon

oturma odası

le papier peint
duvar kağıdı
l'image
resim
la lampe
lamba
l'étagère
raf
l'armoire
dolap
la télé
televizyon
la cheminée
şömine
la fleur
çiçek
le ccussin
mincer
le sofa
kanepe
le vase
vazo
la télécommande
uzaktan kumanda

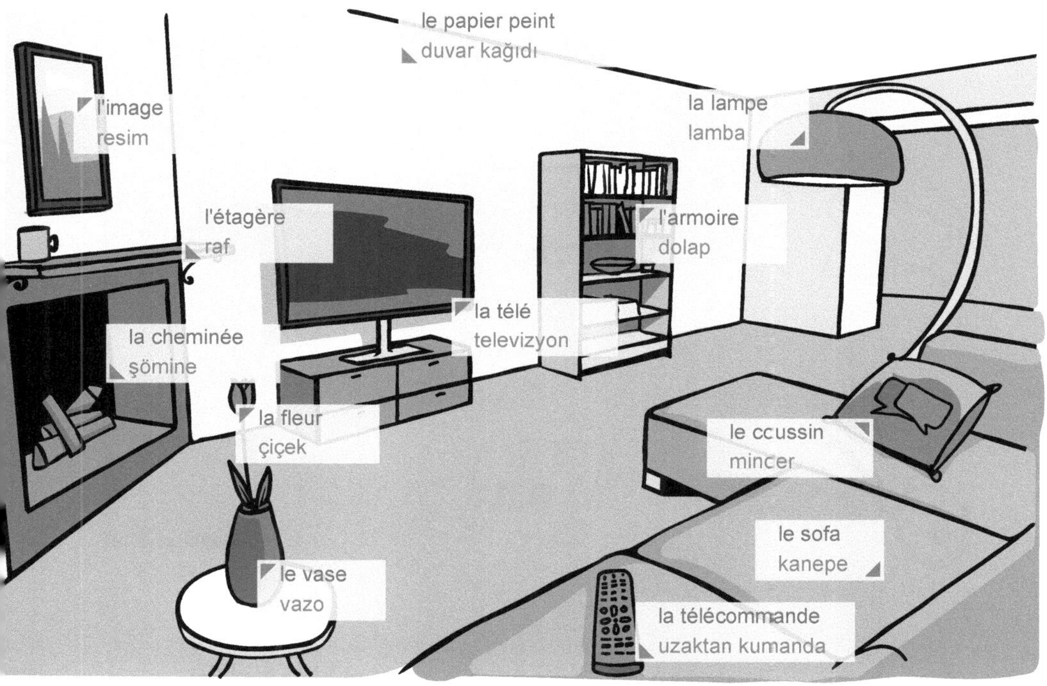

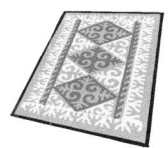

le tapis

halı

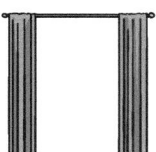

le rideau

perde

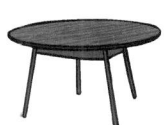

la table

masa

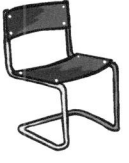

la chaise

sandalye

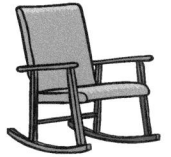

la chaise à bascule

salıncaklı koltuk

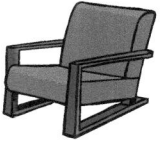

le fauteuil

koltuk

le livre

kitap

la couverture

battaniye

la décoration

dekor

le bois de chauffage

odun

le film

film

la chaîne hi-fi

hi-fi

la clé

anahtar

le journal

gazete

la peinture

tablo

le poster

poster

la radio

radyo

le bloc-notes

defter

l'aspirateur

elektrikli süpürge

le cactus

kaktüs

la bougie

mum

la cuisine
mutfak

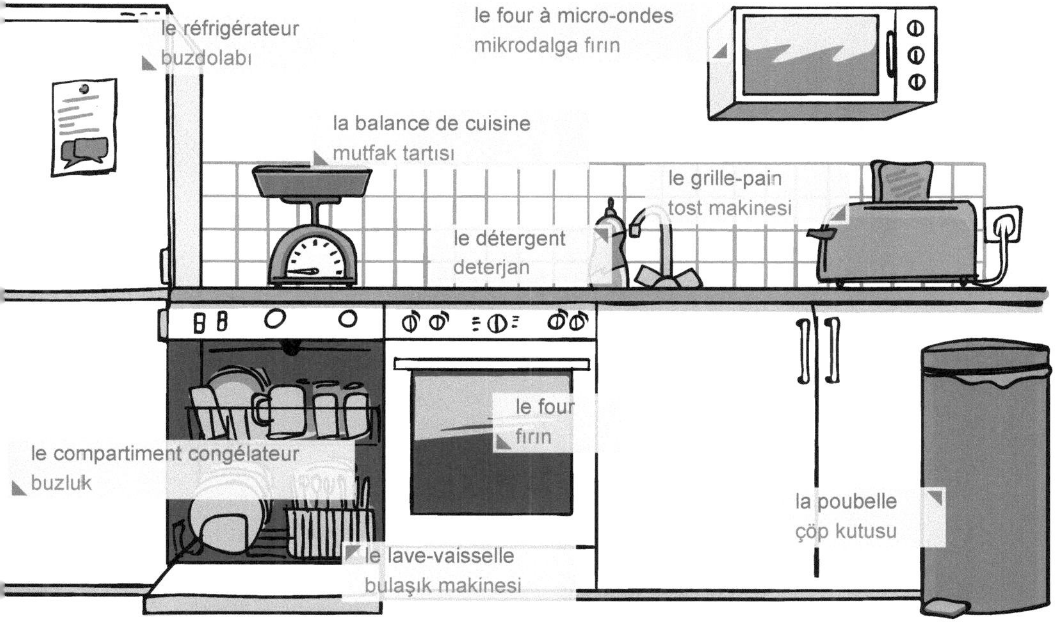

le réfrigérateur
buzdolabı
le four à micro-ondes
mikrodalga fırın
la balance de cuisine
mutfak tartısı
le grille-pain
tost makinesi
le détergent
deterjan
le four
fırın
le compartiment congélateur
buzluk
la poubelle
çöp kutusu
le lave-vaisselle
bulaşık makinesi

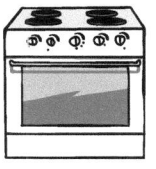

le four

ocak

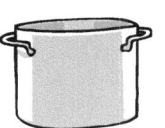

la casserole

tencere

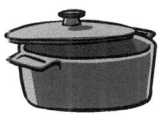

la marmite

döküm tencere

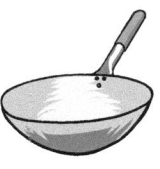

le wok / kadai

wok

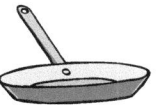

la poêle

tava

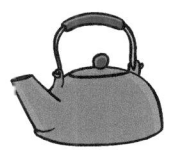

la bouilloire electrique

su ısıtıcı

le cuiseur vapeur

buharlı pişirici

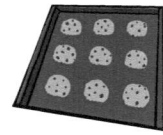

la plaque de cuisson

pişirme tepsisi

la vaisselle

tabak takımı

le gobelet

kupa

la coupe

kase

les baguettes

çubuk (çin yemeği)

la louche

kepçe

la spatule

spatula

le fouet

çırpma teli

la passoire

süzgeç

le tamis

elek

la râpe

rende

le mortier

havan

le barbecue

barbekü

la cheminée

açık ateş

la planche à découper

kesme tahtası

le rouleau à pâtisserie

merdane

le tire-bouchon

tirbüşon

la boîte

konserve kutusu

l'ouvre-boîte

konserve açacağı

les maniques

fırın eldiveni

le lavabo

evye

la brosse

fırça

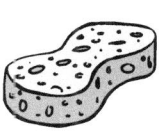

l'éponge

sünger

le mixeur

blender

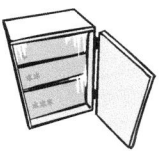

le congélateur

derin dondurucu

le biberon

biberon

le robinet

musluk

la cuisine - mutfak

la salle de bain

banyo

le chauffage
ısıtma
la douche
duş
la serviette
havlu
le rideau de douche
duş perdesi
le bain moussant
köpük banyosu
la baignoire
küvet
le verre
bardak
la machine à laver
çamaşır makinesi
le robinet
musluk
le carrelage
fayans
le pot
lazımlık
le lavabo
evye

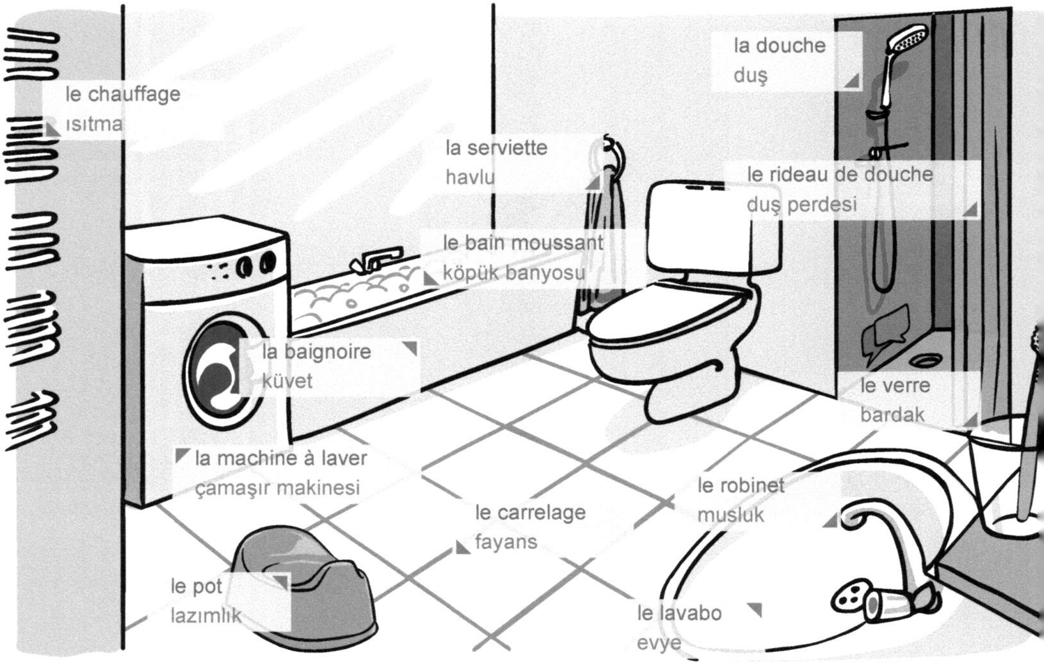

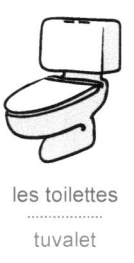

les toilettes

tuvalet

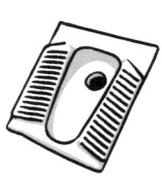

la toilette à la turque

alaturka tuvalet

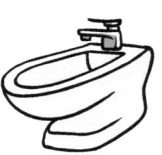

le bidet

bide

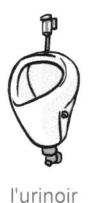

l'urinoir

pisuvar

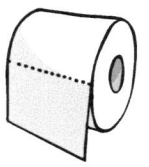

le papier toilette

tuvalet kağıdı

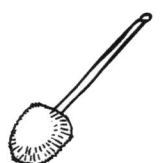

la brosse à toilette

tuvalet fırçası

la brosse à dents

diş fırçası

le dentifrice

diş macunu

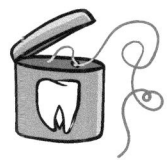

le fil dentaire

diş ipi

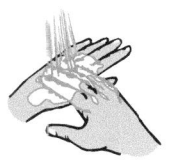

laver

yıkamak

la douche manuelle

duş başlığı

la douche intime

duş başlığı şeklinde taharet musluğu

la vasque

küvet

la brosse dorsale

banyo fırçası

le savon

sabun

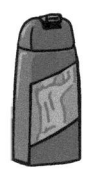

le gel douche

duş jeli

le shampooing

şampuan

le gant de toilette

banyo lifi

l'écoulement

gider

la crème

krem

le déodorant

deodorant

la salle de bain - banyo

le miroir

ayna

le miroir cosmétique

el aynası

le rasoir

jilet

la mousse à raser

tıraş köpüğü

l'après-rasage

tıraş losyonu

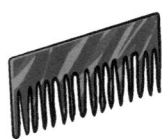

la peigne

tarak

la brosse

fırça

le sèche-cheveux

saç kurutma makinesi

la laque pour cheveux

saç spreyi

le fond de teint

makyaj

le rouge à lèvres

ruj

le vernis à ongles

tırnak cilası

l'ouate

pamuk

le coupe-ongles

tırnak makası

le parfum

parfüm

la trousse de toilette

makyaj çantası

le tabouret

tabure

le pèse-personne

tartı

le peignoir

bornoz

les gants de nettoyage

lastik eldiven

le tampon

tampon

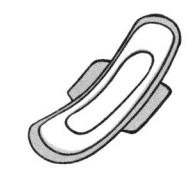

les serviettes hygiéniques

kadın pedi

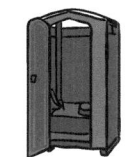

la toilette chimique

kimyevi tuvalet

la chambre d'enfant

çocuk odası

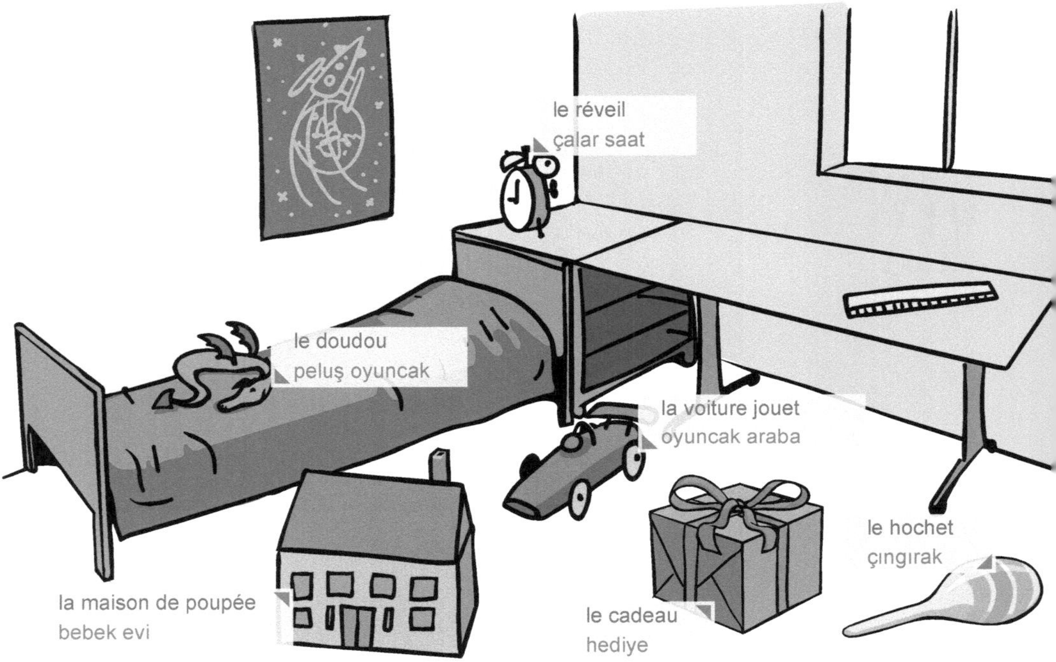

le réveil
çalar saat

le doudou
peluş oyuncak

la voiture jouet
oyuncak araba

le hochet
çıngırak

la maison de poupée
bebek evi

le cadeau
hediye

le ballon
balon

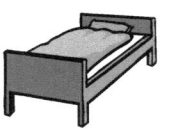

le lit
yatak

la poussette
bebek arabası

le jeu de cartes
kart destesi

le puzzle
yapboz

la bande dessinée
çizgi roman

les pièces lego

lego tuğlaları

les blocs de construction

lego blokları

la figurine

aksiyon figürü

la grenouillère

zıbın

le frisbee

frizbi

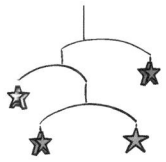

le mobile

dönence

le jeu de société

masa oyunu

le dé

zar

le train miniature

model tren seti

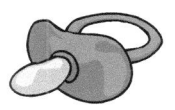

la sucette

emzik

la fête

parti

le livre d'images

resimli kitap

la balle

top

la poupée

oyuncak bebek

jouer

oynamak

le bac à sable

kum havuzu

la balançoire

salıncak

les jouets

oyuncaklar

la console de jeu

video oyun konsolu

le tricycle

üç tekerlekli bisiklet

l'ours en peluche

oyuncak ayı

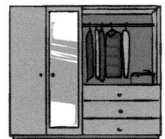

l'armoire

gardırop

les vêtements
kıyafet

les chaussettes

çorap

les bas

külotlu çorap

le collant

tayt

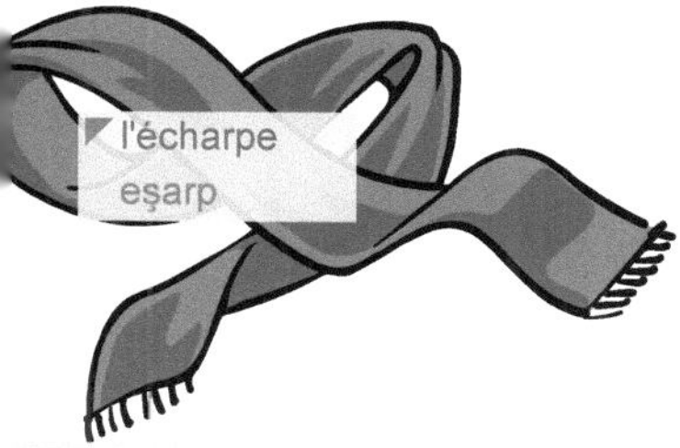

l'écharpe
eşarp

le parapluie
şemsiye

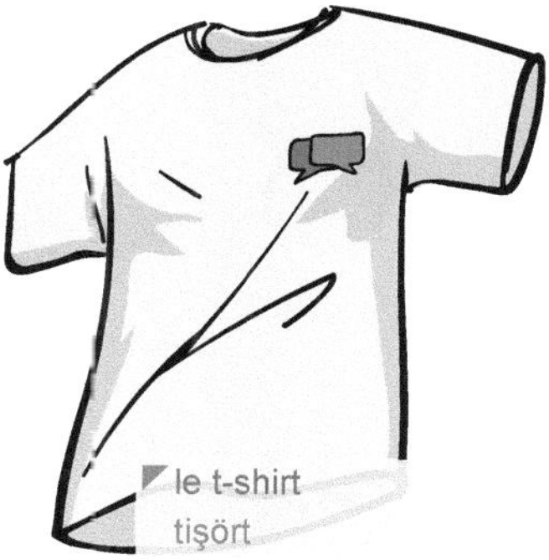

le t-shirt
tişört

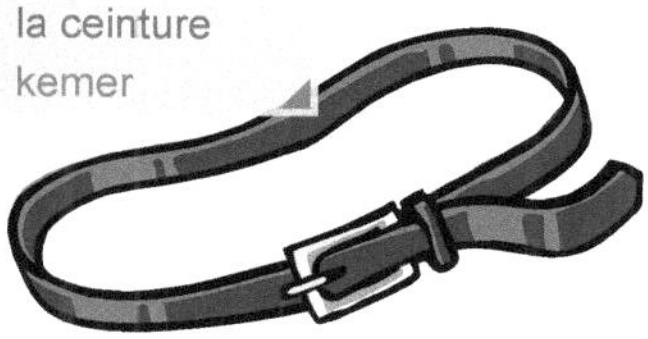

la ceinture
kemer

les bottes
bot

les pantoufles
terlik

les baskets
spor ayakkabı

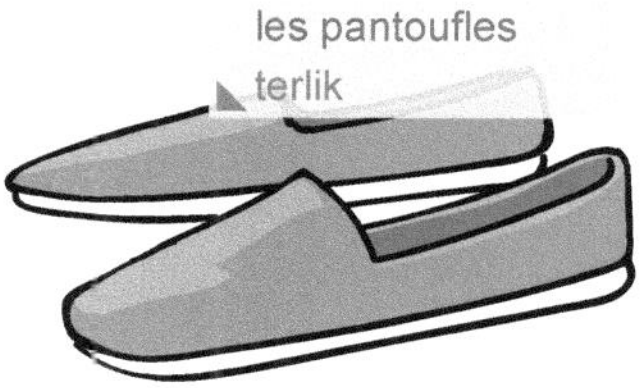

les sandales
....
sandalet

les chaussures
....
ayakkabı

les bottes de caoutchouc
....
lastik çizme

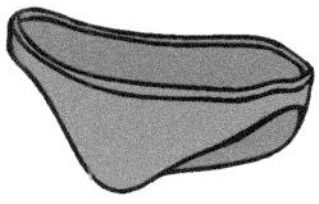

les sous-vêtements
....
külot

le soutien-gorge
....
sütyen

le maillot de corps
....
yelek

le body

dar bluz

le pantalon

pantolon

le jean

kot pantolon

la jupe

etek

le chemisier

bluz

la chemise

gömlek

le pull

kazak

le sweat à capuche

süveter

la veste

blazer

la veste

ceket

le manteau

mont

l'imperméable

yağmurluk

le costume

kostüm

la robe

elbise

la robe de mariée

gelinlik

le costume

takım elbise

la chemise de nuit

gecelik

le pyjama

pijama

le sari

sari

le foulard

baş örtüsü

le turban

türban

la burqa

burka

le caftan

kaftan

l'abaya

çarşaf

le maillot de bain

mayo

le maillot de bain

erkek mayosu

le short

şort

la tenue d'entraînement

eşofman

le tablier

önlük

les gants

eldiven

les vêtements - kıyafet

le bouton
düğme

les lunettes
gözlük

le bracelet
bilezik

le collier
kolye

la bague
yüzük

la boucle d'oreille
küpe

le bonnet
kep

le cintre
portmanto

le chapeau
şapka

la cravate
kravat

la fermeture éclair
fermuar

le casque
kask

les bretelles
pantolon askısı

l'uniforme scolaire
okul forması

l'uniforme
üniforma

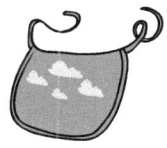

le bavoir

mama önlüğü

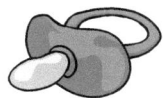

la sucette

emzik

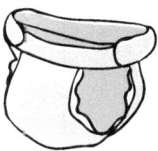

la lange

bebek bezi

le bureau
ofis

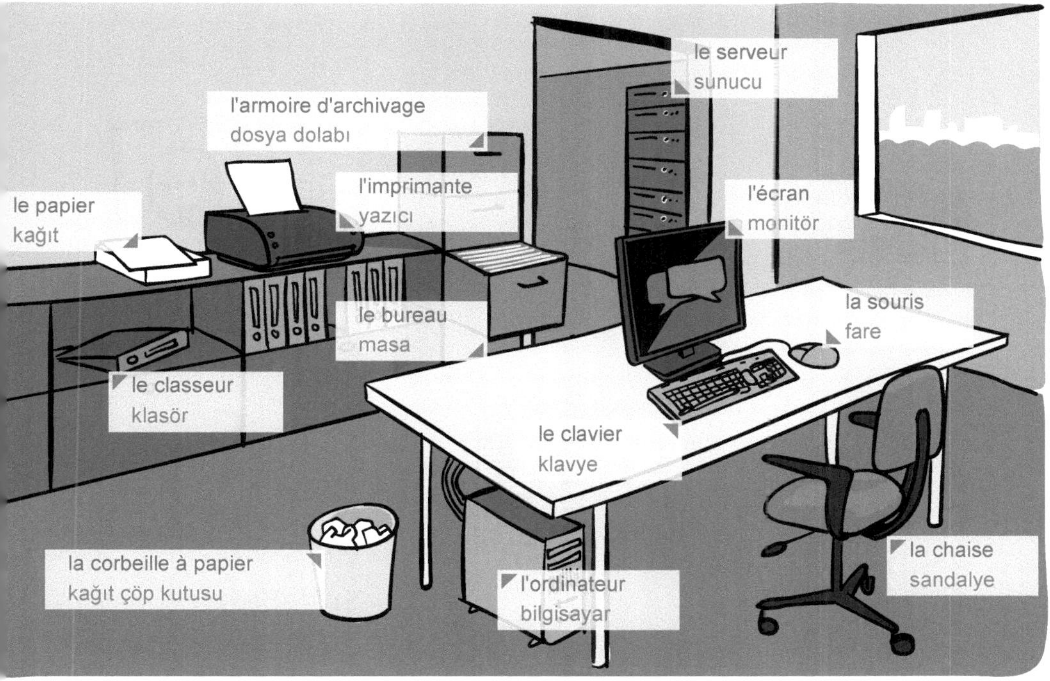
le serveur
sunucu
l'armoire d'archivage
dosya dolabı
l'imprimante
yazıcı
l'écran
monitör
le papier
kağıt
la souris
fare
le bureau
masa
le classeur
klasör
le clavier
klavye
la chaise
sandalye
la corbeille à papier
kağıt çöp kutusu
l'ordinateur
bilgisayar

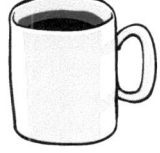

la tasse de café

kahve fincanı

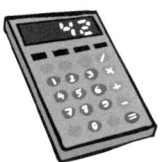

la calculatrice

hesap makinesi

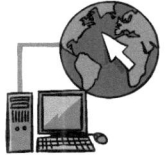

l'internet

internet

l'ordinateur portable

dizüstü

la lettre

mektup

le message

mesaj

le portable

cep telefonu

le réseau

ağ

la photocopieuse

fotokopi makinesi

le logiciel

yazılım

le téléphone

telefon

la prise

priz

le fax

faks makinesi

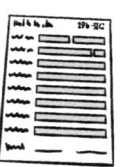

le formulaire

form

le document

belge

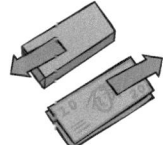

acheter

satın almak

payer

ödemek

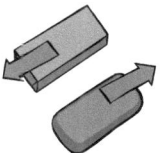

faire du commerce

ticaret yapmak

la monnaie

para

le dollar

dolar

l'euro

avro

le yen

yen

le rouble

ruble

le franc suisse

İsviçre frangı

le renminbi yuan

Çin yuanı

la roupie

rupi

le distributeur automatique

kasa

le bureau de change

döviz bürosu

l'or

altın

l'argent

gümüş

le pétrole

petrol

l'énergie

enerji

le prix

fiyat

le contrat

kontrat

la taxe

vergi

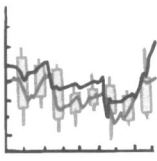

l'action

menkul değer

travailler

çalışmak

l'employé

işveren

l'employeur

işçi

l'usine

fabrika

le magasin

mağaza

l'agent de police
polis memuru

le pompier
itfaiyeci

le cuis nier
aşçı

le médecin
doktor

le pilote
pilot

le jardinier
bahçıvan

le menuisier
marangoz

la couturière
terzi

le juge
hakim

le chimiste
kimyager

l'acteur
aktör

le conducteur de bus

otobüs şoförü

le chauffeur de taxi

taksi şoförü

le pêcheur

balıkçı

la femme de ménage

temizlikçi

le couvreur

çatı ustası

le serveur

garson

le chasseur

avcı

le peintre

boyacı

le boulanger

fırıncı

l'électricien

elektrikçi

l'ouvrier

inşaatçı

l'ingénieur

mühendis

le boucher

kasap

le plombier

muslukçu

le facteur

postacı

le soldat

asker

l'architecte

mimar

le caissier

kasiyer

le fleuriste

çiçekçi

le coiffeur

kuaför

le contrôleur

kondüktör

le mécanicien

tamirci

le capitaine

kaptan

le dentiste

dişçi

le scientifique

bilim insanı

le rabbin

haham

l'imam

imam

le moine

keşiş

le prêtre

rahip

les professions - meslekler

les outils
aletler

le marteau
çekiç
les pinces
penseler
le tournevis
tornavida
la clé
İngiliz anahtarı
la torche
el feneri

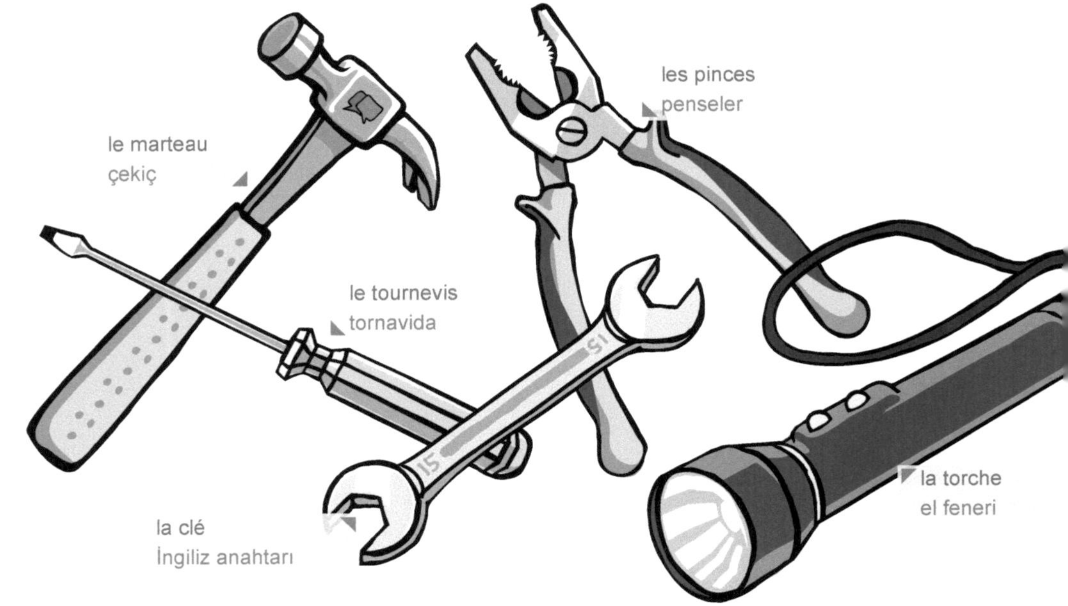

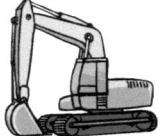

la pelleteuse

kazı makinesi

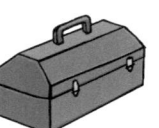

la boîte à outils

alet çantası

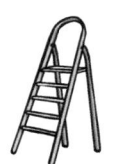

l'échelle

merdiven

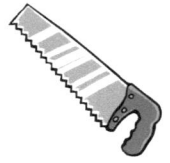

la scie

testere

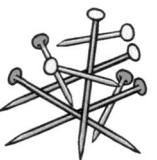

les clous

çiviler

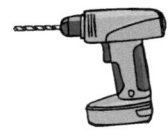

la perceuse

matkap

réparer

tamir etmek

la pelle

kürek

Mince !

Kahretsin!

la pelle

faraş

le pot de peinture

boya tenekesi

les vis

vidalar

les instruments de musique
müzik enstrümanı

la batterie
bateri seti

le haut-parleurs
hoparlör

la guitare
gitar

la contrebasse
kontrbas

la trompette
trompet

le piano

piyano

le violon

keman

la basse

basgitar

les timbales

timpani

le tambour

bateri

le piano électrique

klavye

le saxophone

saksafon

la flûte

flüt

le microphone

mikrofon

le zoo
hayvanat bahçesi

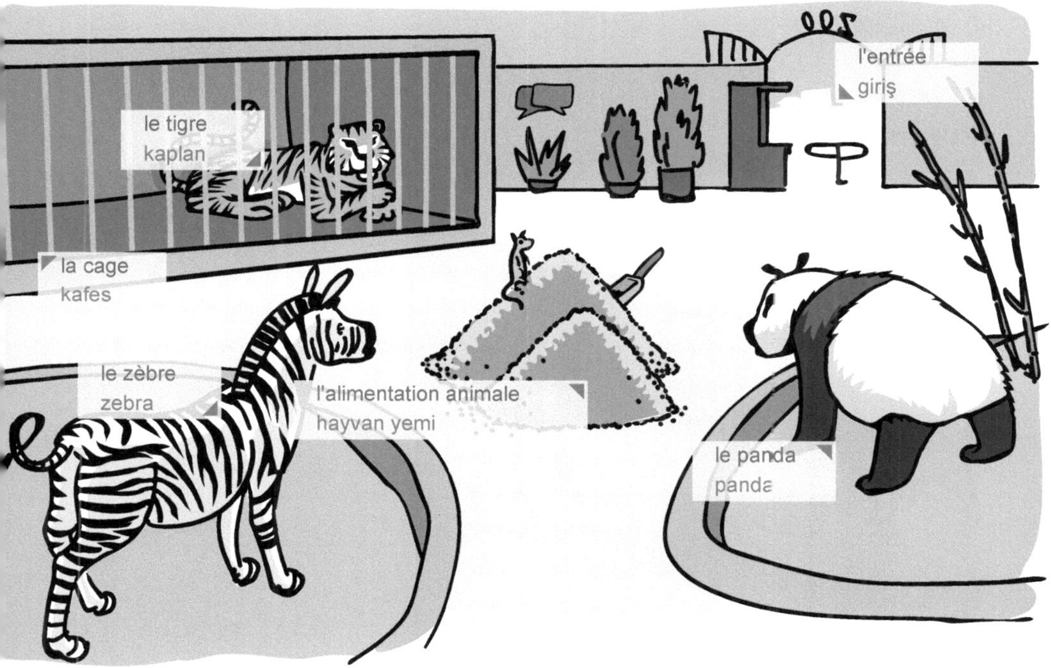

l'entrée
giriş
le tigre
kaplan
la cage
kafes
le zèbre
zebra
l'alimentation animale
hayvan yemi
le panda
panda

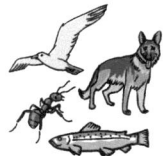

les animaux

hayvanlar

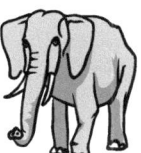

l'éléphant

fil

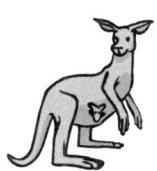

le kangourou

kanguru

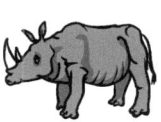

le rhinocéros

gergedan

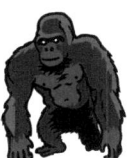

le gorille

goril

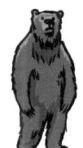

l'ours

ayı

le chameau

deve

l'autruche

deve kuşu

le lion

aslan

le singe

maymun

le flamand rose

flamingo

le perroquet

papağan

l'ours polaire

kutup ayısı

le pingouin

penguen

le requin

köpek balığı

le paon

tavus kuşu

le serpent

yılan

le crocodile

timsah

le gardien de zoo

hayvanat bahçesi görevlisi

le phoque

fok

le jaguar

jaguar

le poney

midilli atı

le léopard

leopar

l'hippopotame

su aygırı

a girafe

zürafa

l'aigle

kartal

le sanglier

yaban domuzu

le poisson

balık

la tortue

kaplumbağa

le morse

mors

le renard

tilki

la gazelle

ceylan

l'american Football
amerikan futbolu

le cyclisme
bisiklete binme

le tennis
tenis

le basket-ball
basketbol

la natation
yüzme

la boxe
boks

le hockey sur glace
buz hokeyi

le football
futbol

le badminton
badminton

l'athlétisme
atletizm

le handball
hentbol

le ski
kayak

le polo
polo

rire
gülmek

sauter
atlamak

embrasser
sarılmak

marcher
yürümek

chanter
söylemek

rêver
hayal etmek

prier
dua etmek

faire la bise
öpmek

écrire
yazmak

dessiner
çizmek

montrer
göstermek

pousser
itmek

donner
vermek

prendre
almak

avoir

sahip olmak

faire

yapmak

être

olmak

être debout

ayakta durmak

courir

koşmak

trier

çekmek

jeter

atmak

tomber

düşmek

être couché

yalan söylemek

attendre

beklemek

porter

taşımak

être assis

oturmak

s'habiller

giyinmek

dormir

uyumak

se réveiller

uyanmak

regarder
bakmak

pleurer
ağlamak

caresser
vurmak

peigner
taramak

parler
konuşmak

comprendre
anlamak

demander
sormak

écouter
dinlemek

boire
içmek

manger
yemek

ranger
düzenlemek

aimer
sevmek

cuire
pişirmek

conduire
sürmek

voler
uçmak

faire de la voile

denize açılmak

calculer

hesapla

lire

okumak

apprendre

öğrenmek

travailler

çalışmak

se marier

evlenmek

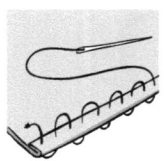

coudre

dikmek

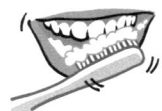

brosser les dents

diş fırçalamak

tuer

öldürmek

fumer

sigara içmek

envoyer

yollamak

grand-mère
büyükanne

le grand-père
büyükbaba

le père
baba

la mère
anne

le bébé
bebek

la fille
kız

le fils
oğul

l'hôte

misafir

la tante

teyze

l'oncle

amca

le frère

erkek kardeş

la sœur

kız kardeş

le corps
vücut

le front
alın
l'œil
göz
l'épaule
omuz
le doigt
parmak
le visage
yüz
le menton
çene
la main
el
la jambe
bacak
la poitrine
göğüs
le bras
kol

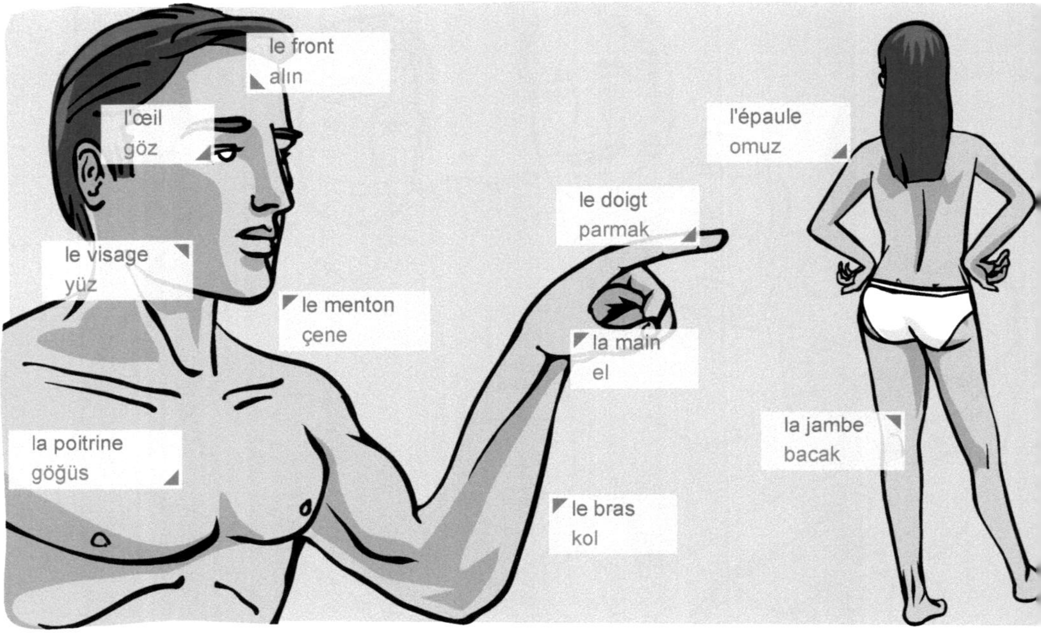

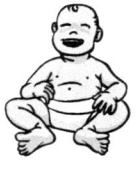

le bébé
bebek

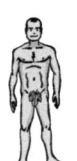

l'homme
adam

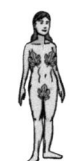

la femme
kadın

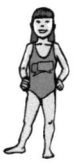

la fille
kız

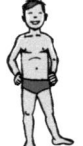

le garçon
erkek çocuk

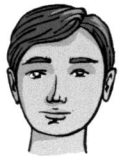

la tête
baş

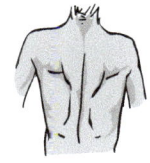

le dos

sırt

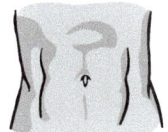

le ventre

karın

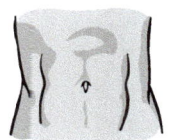

le nombril

göbek

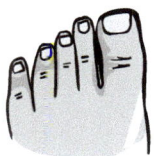

l'orteil

ayak parmağı

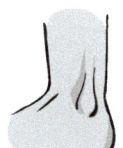

le talon

topuk

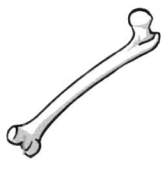

l'os

kemik

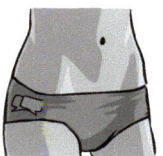

la hanche

kalça

le genou

diz

le coude

dirsek

le nez

burun

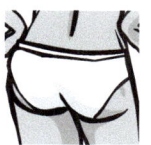

les fesses

kalça

la peau

deri

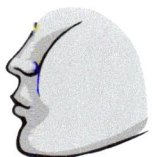

la joue

yanak

l'oreille

kulak

la lèvre

dudak

la bouche

ağız

la dent

diş

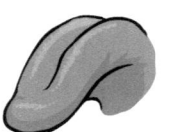

la langue

dil

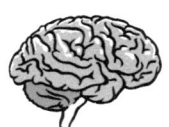

le cerveau

beyin

le cœur

kalp

le muscle

kas

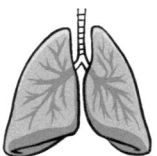

les poumons

akciğer

le foie

karaciğer

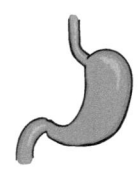

l'estomac

mide

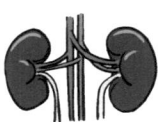

les reins

böbrekler

le rapport sexuel

seks

le préservatif

prezervatif

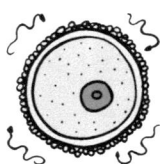

l'ovule

yumurtalık

le sperme

sperm

la grossesse

hamilelik

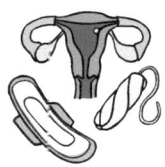

la menstruation

regl

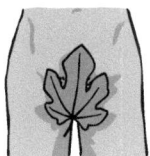

le vagin

vajina

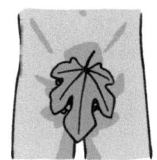

le pénis

penis

le sourcil

kaş

les cheveux

saç

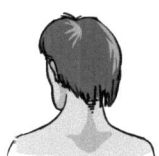

le cou

boyun

l'hôpital
hastane

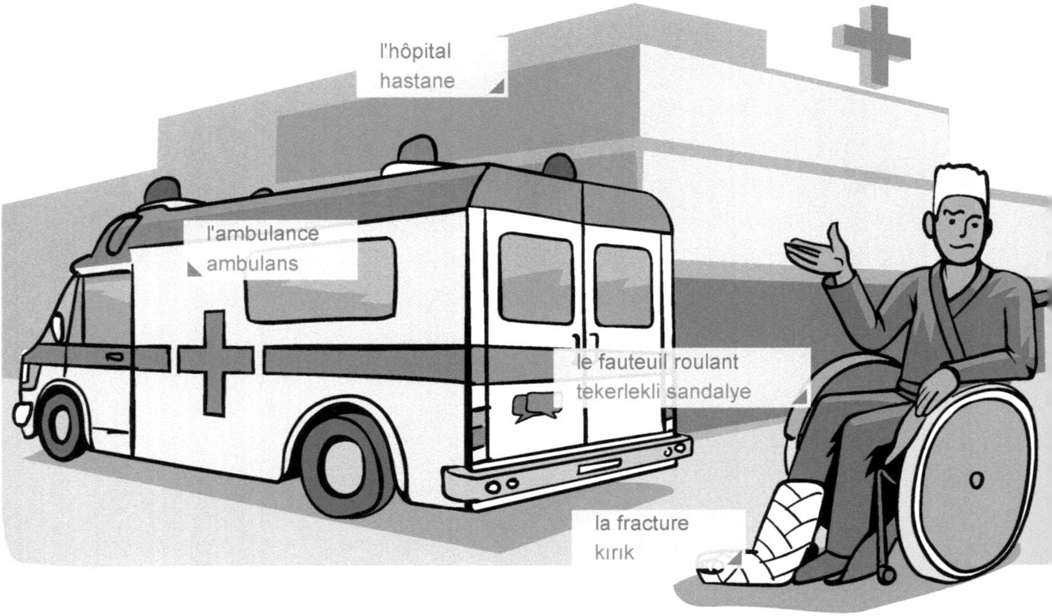

l'hôpital
hastane
l'ambulance
ambulans
le fauteuil roulant
tekerlekli sandalye
la fracture
kırık

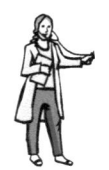

le médecin

doktor

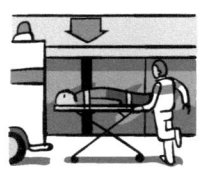

le service des urgences

acil servis

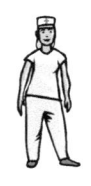

l'infirmière

hemşire

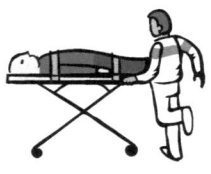

l'urgence

acil

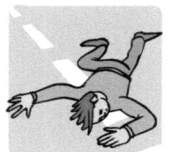

inconscient

baygın

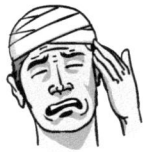

la douleur

acı

la blessure

yaralanma

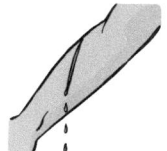

l'hémorragie

kanama

la crise cardiaque

kalp krizi

l'attaque cérébrale

felç

l'allergie

alerji

la toux

öksürük

la fièvre

ateş

la grippe

grip

la diarrhée

ishal

le mal de tête

baş ağrısı

le cancer

kanser

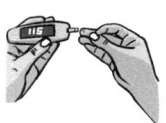

le diabète

şeker hastalığı

le chirurgien

cerrah

le scalpel

neşter

l'opération

operasyon

l'hôpital - hastane

73

le CT

bilgisayarlı tomografi

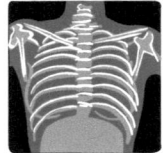

la radiographie

röntgen

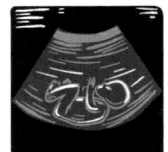

l'échographie

ultrason

le masque

yüz maskesi

la maladie

hastalık

la salle d'attente

bekleme odası

la béquille

koltuk değneği

le pansement

yara bandı

le pansement

bandaj

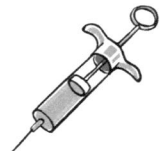

l'injection

enjeksiyon

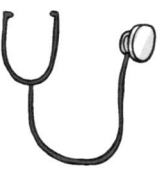

le stéthoscope

steteskop

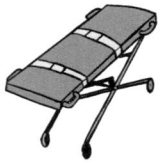

le brancard

sedye

le thermomètre

tıbbi termometre

l'accouchement

doğum

la surcharge pondérale

fazla kilo

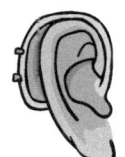

l'appareil auditif

işitme cihazı

le désinfectant

dezenfektan

l'infection

enfeksiyon

e virus

virüs

le VIH / le sida

HIV / AIDS

le médicament

ilaç

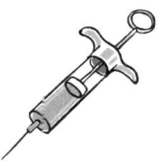

la vaccination

aşı

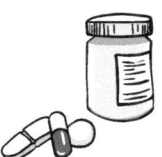

les comprimés

tablet

la pilule

hap

l'appel d'urgence

acil çağrı

le tensiomètre

tansiyon aleti

malade / sain

hasta / sağlıklı

l'hôpital - hastane

Au secours !

İmdat!

l'alarme

alarm

l'assaut

darp

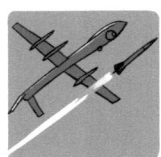

l'attaque

saldırı

le danger

tehlike

la sortie de secours

acil çıkış

Au feu!

Yangın!

l'extincteur

yangın tüpü

l'accident

kaza

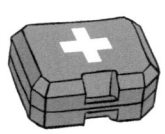

la trousse de premier
secours

ilk yardım çantası

SOS

imdat

la police

polis

l'Europe

Avrupa

l'Amérique du Nord

Kuzey Amerika

l'Amérique du Sud

Güney amerika

l'Afrique

Afrika

l'Asie

Asya

l'Australie

Avustralya

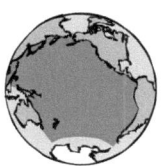

l'Océan atlantique

Atlantik

l'Océan pacifique

Pasifik

l'Océan indien

Hint Okyanusu

l'Océan antarctique

Antarktika Okyanusu

l'Océan arctique

Arktik Okyanusu

le Pôle nord

Kuzey Kutbu

le Pôle sud

Güney Kutbu

l'Antarctique

Antarktika

la terre

dünya

le pays

kara

la mer

deniz

l'île

ada

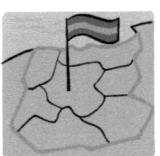

la nation

ulus

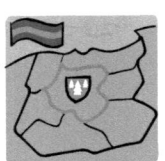

l'état

ülke

le cadran
kadran

l'aiguille des heures
akrep

l'aiguille des minutes
yelkovan

l'aiguille des secondes
saniye ibresi

Quelle heure est-il ?
Saat kaç?

le jour
gün

le temps
zaman

maintenant
şimdi

la montre digitale
dijital saat

la minute
dakika

l'heure
saat

la semaine

hafta

lundi
Pazartesi

mercredi
Çarşamba

vendredi
Cuma

mardi
Salı

samedi
Cumartesi

jeudi
Perşembe

dimanche
Pazar

hier
dün

aujourd'hui
bugün

demain
yarın

le matin
sabah

le midi
öğle

le soir
akşam

les jours ouvrables
iş günleri

le week-end
hafta sonu

la pluie
yağmur

l'arc-en-ciel
gökkuşağı

la neige
kara

le vent
rüzgar

le printemps
bahar

l'automne
sonbahar

l'été
yaz

l'hiver
kış

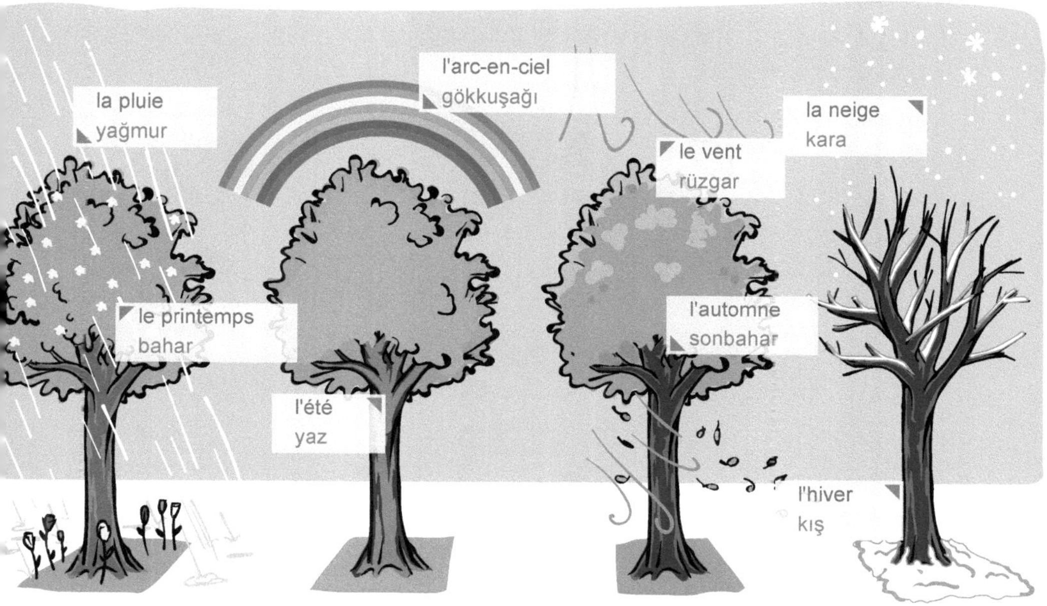

la météo

hava durumu tahmini

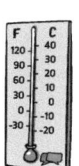

le thermomètre

termometre

la lumière du soleil

güneş ışığı

le nuage

bulut

le brouillard

sis

l'humidité

nem

la foudre

şimşek

la tonnerre

gök gürültüsü

la tempête

fırtına

la grêle

dolu

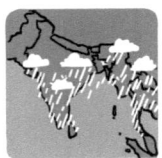

la mousson

muson

l'inondation

sel

la glace

buz

janvier

Ocak

février

Şubat

mars

Mart

avril

Nisan

mai

Mayıs

juin

Haziran

juillet

Temmuz

août

Ağustos

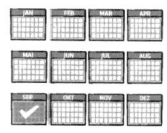

septembre

Eylül

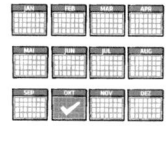

octobre

Ekim

novembre

Kasım

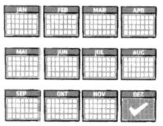

décembre

Aralık

les formes
şekiller

le cercle

daire

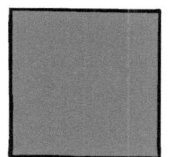

le carré

kare

le rectangle

dikdörtgen

le triangle

üçgen

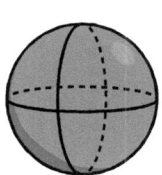

la sphère

küre

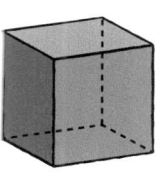

le cube

küp

blanc

beyaz

jaune

sarı

orange

turuncu

rose

pembe

rouge

kırmızı

violet

mor

bleu

mavi

vert

yeşil

marron

kahverengi

gris

gri

noir

siyah

beaucoup / peu

çok / az

fâché / calme

kızgın / sakin

joli / laid

güzel / çirkin

le début / la fin

başlangıç / son

grand / petit

büyük / küçük

clair / obscure

parlak / karanlık

frère / soeur

erkek kardeş / kız kardeş

propre / sale

temiz / kirli

complet / incomplet

tamam / eksik

le jour / la nuit

gün / gece

mort / vivant

ölü / canlı

large / étroit

geniş / dar

comestible / incomestible

yenilebilir / yenilemez

méchant / gentil

kötü / iyi

excité / ennuyé

heyecanlı / sıkılmış

gros / mince

şişman / zayıf

le premier / le dernier

ilk / son

l'ami / l'ennemi

dost / düşman

plein / vide

dolu / boş

dur / souple

sert / yumuşak

lourd / léger

ağır / hafif

faim / soif

açlık / susuzluk

malade / sain

hasta / sağlıklı

illégal / légal

yasa dışı / yasal

intelligent / stupide

zeki / aptal

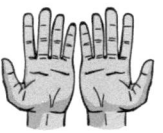

gauche / droite

sol / sağ

proche / loin

yakın / uzak

les oppositions - zıt anlamlılar

nouveau / usé

yeni / kullanılmış

rien / quelque chose

hiçbir şey / bir şey

vieux / jeune

yaşlı / genç

marche / arrêt

açma / kapama

ouvert / fermé

açık / kapalı

faible / fort

sessiz / gürültülü

riche / pauvre

zengin / fakir

correct / incorrect

doğru / yanlış

rugueux / lisse

pürüzlü / düz

triste / heureux

üzgün / mutlu

court / long

kısa / uzun

lent / rapide

yavaş / hızlı

mouillé / sec

ıslak / kuru

chaud / froid

sıcak / serin

la guerre / la paix

savaş / barış

les nombres
sayılar

0
zéro
sıfır

1
un / une
bir

2
deux
iki

3
trois
üç

4
quatre
dört

5
cinq
beş

6
six
altı

7
sept
yedi

8
huit
sekiz

9
neuf
dokuz

10
dix
on

11
onze
on bir

12

douze

on iki

13

treize

on üç

14

quatorze

on dört

15

quinze

on beş

16

seize

on altı

17

dix-sept

on yedi

18

dix-huit

on sekiz

19

dix-neuf

on dokuz

20

vingt

yirmi

100

cent

yüz

1.000

mille

bin

1.000.000

le million

milyon

l'anglais

İngilizce

l'anglais américain

Amerikan İngilizcesi

le chinois mandarin

Çince (Mandarin)

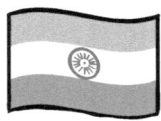

le hindi

Hintçe

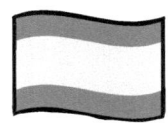

l'espagnol

İspanyolca

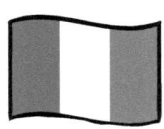

le français

Fransızca

l'arabe

Arapça

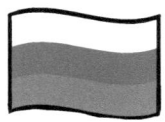

le russe

Rusça

le portugais

Portekizce

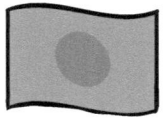

le bengali

Bengalce

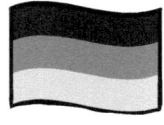

l'allemand

Almanca

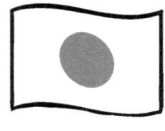

le japonais

Japonca

je

ben

tu

sen

il / elle / ce, c', cela

o

nous

biz

vous

siz

ils / elles

onlar

Qui ?

kim?

Quoi ?

ne?

Comment ?

nasıl?

Où ?

nerede?

Quand ?

ne zaman?

le nom

isim

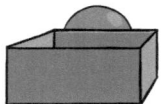

derrière

arkasında

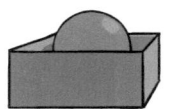

dans

içinde

devant

önünde

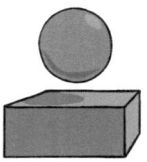

au-dessus

üzerinde

sur

üstünde

en-dessous

altında

à côté de

yanında

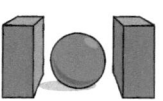

entre

arasında

le lieu

yer